A · PROPOS

DES

ÉLECTIONS SÉNATORIALES

AUX ÉLECTEURS

DE

L'ARRONDISSEMENT DE BERNAY

A PROPOS

DES

ÉLECTIONS SÉNATORIALES

——

AUX ÉLECTEURS

DE

L'ARRONDISSEMENT DE BERNAY

A PROPOS

DES

ÉLECTIONS SÉNATORIALES

Quelle est l'opposition qu'il s'agit de renverser
au Sénat?

Dans quelques jours vont avoir lieu les élections
sénatoriales. Vous n'êtes pas appelés à y prendre
part : je le regrette, car je suis certain qu'instruits
par l'expérience, après l'odieuse et cynique tentative du 16 mai, vous êtes maintenant disposés à
soutenir la République conservatrice de M. Thiers
et non pas l'ordre moral de M. de Broglie.

Vous êtes cette fois simples spectateurs de ces
élections. Est-ce à dire que vous ne vous y intéres-
sez pas? Non, sans doute; car vous savez quelle
immense importance elles doivent avoir sur les
destinées du pays.

Une majorité, peu nombreuse il est vrai, mais
ennemie des institutions républicaines et surtout
remplie de haine contre les hommes qui les repré-

sentent, suffit à inquiéter les esprits. On la sait disposée à entraver par tous les moyens la marche des affaires. Elle n'a qu'une crainte, le repos public ; qu'un espoir, celui de le troubler.

Elle a déjà voté, sans cause avouable, une dissolution funeste ; et il est probable qu'elle serait fort capable d'en voter une seconde, « la mort dans l'âme », il est vrai, ce qui change peu le résultat obtenu.

Voilà ce qu'il importe d'éviter. Il faut que la France, remise de ses blessures, puisse travailler en paix sans redouter à chaque instant une secousse imprévue. Il est indispensable qu'on soit sûr du lendemain, et qu'en se couchant le soir, on puisse dormir tranquille sans la crainte qu'un coup de tête vienne vous surprendre au réveil et tout remettre en question. Or, la faible majorité anti-républicaine du Sénat est toujours avide de troubles et prête à faciliter toute tentative dirigée contre le bon fonctionnement de la République. C'est pourquoi, nous avons grand intérêt à nous en débarrasser et à éloigner des affaires publiques ces hommes qui veulent renverser ce qui est, tout en ayant conscience qu'ils sont impuissants à rien mettre à la place, et qui ne sauraient être jugés trop sévèrement puisqu'ils ne veulent pas sacrifier des intérêts égoïstes au bien de la patrie.

En vain vous dit-on qu'une opposition est nécessaire pour guider, sauvegarder tout gouvernement ; que cette opposition se trouve dans la majorité du Sénat ; et que la renverser ferait grand tort à la République. N'en croyez pas un mot : Il y a *opposition* et *opposition*. Il y a celle qui empêche de faire le mal, et celle qui empêche de faire le bien ; celle qui éclaire le gouvernement par de bons conseils, celle qui s'applique à le perdre par de mauvais. C'est cette dernière qui a poussé au 16 mai, qui l'a préparé et dirigé. Vous savez ce qu'elle vaut. C'est elle qu'il s'agit de rendre impuissante en renvoyant du Sénat une partie des hommes, soi-disant politiques, qui la composent.

Une opposition utile est une opposition se recrutant parmi des citoyens dévoués aux institutions du pays et résolus à les défendre : ils diffèrent d'opinion sur les moyens et se séparent du ministère par des points de vue différents sur des questions généralement secondaires et n'attaquant toutefois en rien la Constitution elle-même. Cette opposition est, en effet, utile parce que, grâce à elle, s'ouvre sur bien des sujets une discussion saine et de bonne foi ; les décisions ne sont prises qu'après un mûr examen, et ne sont dictées que par l'intérêt public.

Est-ce ainsi que procède l'opposition qu'il s'agit de faire disparaître du Sénat? Remplit-elle le rôle d'une opposition loyale ou plutôt celui de factieux? Vous n'hésiterez pas à reconnaître ce qu'elle est, puisqu'elle ne se compose que des ennemis de l'ordre de choses établi, d'ennemis de la Constitution, de gens n'ayant qu'une pensée : abattre la République.

Pour n'en pas douter, nous n'avons qu'à passer en revue les trois groupes unis aujourd'hui, divisés demain, qui la composent. Ils se nomment : Légitimistes, Orléanistes, Bonapartistes.

Coup d'œil sur les trois groupes formant l'opposition au Sénat.

Légitimité. — Les légitimistes sont esclaves de ce qu'on appelle un principe. Attachés par respect des traditions de famille à la branche bientôt éteinte des Bourbons, ils ont une foi politique comme on a une foi religieuse. Cela se subit, mais ne s'explique pas. Ils croient à un roi légitime comme on croit aux miracles de Lourdes et de la Salette. Toute discussion est bannie ; c'est même un commencement d'hérésie que de vouloir raisonner. On est légitimiste comme on est catholique, par cela seul qu'on fait partie du monde catholique et légitimiste.

C'est affaire de bon ton, d'excellente compagnie, du meilleur goût.

On est de la Société ! En dehors de cette secte privilégiée, pas de salut ! On accepte bien pour le moment quelques intrus, anciens industriels, comme M. Chesnelong et autres, parce qu'on a besoin d'eux; mais, le triomphe venu, on les renverra à la boutique ou aux antichambres, d'où ils n'auraient jamais dû sortir. A cette heure, on a besoin de soldats; le principal est d'en avoir; aussi n'est-on pas difficile; on n'épluche pas trop les titres; une simple particule devant un nom qui vient on ne sait d'où, suffit pour entrer dans l'association, pourvu que les idées émises aient la marque de fabrique : *Cléricalisme et C*^ie. Du moment qu'on défend envers et contre tous Rome, le clergé et les jésuites, que les enfants sont élevés sainement dans ces pieuses doctrines et qu'on déploie une certaine haine de la République, on est le bienvenu dans la sainte congrégation... Elle est ouverte ainsi presque à tous.... pour l'instant du moins.

Le but est de faire revenir le Roi, de reconnaître la haute direction du clergé, d'avoir sa place à la cour, son banc armorié à l'église et surtout de ne plus entendre parler du suffrage universel, de la loi du nombre et des nouvelles couches sociales, qui font apparaître le spectre de Gambetta et attirent sur les lèvres un sourire de mépris.

On ne parle pas aujourd'hui encore du retour à quelques anciens privilèges, je crois même qu'on n'y pense pas sérieusement; mais enfin si la chose s'imposait d'elle-même?... Il faudrait bien se soumettre aux vues de la Providence de laquelle nous

dépendons tous, corps et âme, qui tient seule entre
ses mains nos destinées, et devant laquelle il n'y
a qu'à se signer et attendre !!! Attendons.

ORLÉANISME. — Les orléanistes, qui se disent
aussi constitutionnels, probablement parce qu'ils
acceptent toutes les constitutions pourvu qu'ils y
soient quelque chose, sont plus modernes. Ils respectent et vantent partout les conquêtes sociales
de la Révolution, et ne chicanent que sur les conquêtes politiques. Ils affectent un petit air bour-
geois, mais leur passion est de diriger : ils sont
classe dirigeante. C'est un brevet qu'ils se sont
donné eux-mêmes avec garantie de leur gouvernement. Ils s'intitulent hardiment libéraux et le sont
d'autant plus ardemment que les portes sont plus
hermétiquement closes à tout retour de la liberté.
Il fallait les voir sous l'Empire. C'était leur bon
temps. Dans ce moment-là on ne peut plus les
tenir, ils sont enragés ; et le seul moyen de les
apaiser est d'ouvrir aux idées libérales la porte toute
grande. C'est infaillible : ils ne soufflent plus mot.

Ils ont surtout de grandes prétentions à la mo-
ralité ; ils se présentent volontiers comme le seul
gouvernement moral ; ce sont eux, je crois, qui ont
inventé l'ordre de ce nom. Ils prennent dans la
Révolution tout ce qui est bon et laissent ce qui
est mauvais ; mais ils restent seuls juges de cette
délicate question.

Ils se regardent comme une pépinière d'hommes d'État et ont toujours tout prêt un personnel capable de servir au mieux nos intérêts. En attendant cette occasion, ils nous donnent une preuve évidente de leur habileté en soignant admirablement les leurs et, gens d'affaires pratiques, ils ont su se faire rendre des comptes fidèles par le pays agonisant sous le genou des spoliateurs prussiens. Ils ont pourtant, malgré leur grande finesse, commis une lourde faute : croyant en 1873 que leur parent Henri V avait quelques chances de remonter sur le trône, ils sont allés à Frohsdorff s'incliner devant lui, s'engageant à ne prendre la couronne qu'après son tour : de sorte que nous ne pouvons devenir orléanistes qu'en passant par la légitimité.

Et voyez comme une première concession en amène vite une autre. On ne s'arrête plus sur cette pente. Après l'alliance avec les Bourbons, il a fallu s'allier aux Bonapartes ; après avoir fait la paix avec ceux que leur père avait chassés, il a fallu fraterniser avec ceux qui avaient chassé leur père, et, oubliant les anciennes injures, marcher ensemble à l'assaut de la République en chantant chacun un air favori. Malheureusement le pays, n'entendant rien à cette cacophonie burlesque, a fermé les oreilles, et les a renvoyés en octobre 1877, dos à dos et pour un instant divisés.

BONAPARTISTES. — Le troisième de ces intéres-
sants groupes est le groupe bonapartiste. Celui-
là, on le garde toujours pour la fin, c'est le
couronnement de l'édifice. Il est certainement
plus pratique que le second. Son plan unique
est d'arriver aux affaires pour brasser des affaires, simplement, sans vergogne. Il ne s'agit pas
de diriger le mouvement national selon la Révolution ou selon la Curie romaine, peu importe! On va indifféremment à droite, à gauche,
au centre, acclamant également la *Marseillaise* ou
le *Syllabus*. Le principal, c'est d'être aux affaires.
Ils se battent ou plutôt nous font battre pour le
pape ou contre le pape, à Solférino ou à Mentana,
en Chine, au Mexique, à Sébastopol, en Syrie ou
à Sedan ; qu'est-ce que tout cela, pourvu, comme
on dit vulgairement, qu'ils tiennent la queue de
la poêle ?

L'important, c'est d'être à la tête de toutes les
entreprises bonnes ou mauvaises ; il y a toujours
quelque profit à en retirer. C'est alors le triomphe
des sociétés de crédit, le comble de l'agiotage, la
suprématie de la Bourse, la joie des coulissiers
et des demoiselles ; on fait la fête à Paris, en pro-
vince, dans les préfectures. « Ça ne durera pas !
mais on se sera tant amusé !! »

Cela a duré pourtant dix-huit années ; et le
malheur, c'est qu'ils ont cru que ça durerait davan-
tage : ils ont oublié de faire des économies dont ils

pourraient vivre tranquillement comme ces servi-
teurs, à la conscience endormie, qui se reposent
dans le bien-être après avoir fait danser l'anse du
panier : de sorte qu'aujourd'hui ils ont le plus grand
désir de revenir au pouvoir pour s'enrichir, cette
fois, sérieusement. Aussi tous les alliés sont bons.
et, la main dans la main, en un touchant accord,
avec Bourbons et Orléans, on constitue cette opposition patriotique qui a juré la perte de la République.

Car c'est bien de ces trois groupes que se compose l'opposition qu'il s'agit de renverser au
Sénat.

C'est bien là celle qui est ennemie du bien et ne
souhaite que le mal, ne songe nullement dans ses
actes aux affaires du pays, vise seulement à les
arrêter et, prévoyant en un mot que l'ordre, la
tranquillité, le travail, profiteraient à l'affermisse-
ment de la République, n'a d'autre but que de
chercher des obstacles au travail, à l'ordre, à la
tranquillité.

Je pense que rien ne vous coûtera moins que de
voir ces citoyens de mauvaise humeur et de mauvais vouloir rendus à la vie privée, le 5 janvier
prochain, et remplacés par d'autres acceptant et
fortifiant la République.

*La République seule peut nous sauver en nous
procurant la paix à l'extérieur et la paix à l'intérieur.*

La République, en effet, n'est-ce pas notre salut ?
Elle est acclamée par les villes : en quoi ne pourrait-
elle ne pas plaire aux campagnes ? Vous, paysans,
que pouvez-vous lui reprocher ? Avez-vous oublié
qu'elle est née de la grande Révolution de 1789,
cette Révolution que nos ennemis insultent si facilement aujourd'hui et que vous seriez bien ingrats
de méconnaître ? Car c'est elle qui vous a retirés de
l'état de servage et de misère où vous croupissiez
alors, pour vous relever, vous permettre d'acquérir
cette terre dont vous étiez les esclaves jadis, dont
vous êtes propriétaires aujourd'hui. C'est elle aussi
qui a remplacé l'arbitraire par la justice et l'igno-
rance absolue qu'on faisait peser sur vous par une
éducation bienfaisante que l'Assemblée consti-
tuante a eu l'honneur de décréter en 1791, et que la
République actuelle s'efforce d'augmenter encore.

Que pouvez-vous demander maintenant à un
gouvernement ? La paix à l'extérieur, pour pouvoir
cultiver tranquillement vos terres ; la paix à l'intérieur, pour pouvoir écouler facilement vos pro-
duits. Ces deux résultats, je soutiens que la République vous les donnera plus sûrement qu'aucun
autre gouvernement. Vous devez, après tant de
révolutions qui ont agité notre pays, après tant de

guerres heureuses ou malheureuses, avoir une expérience d'autant plus profonde qu'elle a été chèrement payée.

PAIX A L'EXTÉRIEUR. — N'est-il pas facile de démontrer que parmi toutes les guerres qui ont été entreprises depuis le premier Empire et notamment par le second, la plupart ne furent décidées que dans un but dynastique, sans tenir aucun compte des vœux ou des intérêts du pays. Il est présumable que tout souverain cherchera dans la gloire militaire un moyen d'éblouir son peuple et de se l'attacher par un enthousiasme irréfléchi, souvent et presque toujours passager. Il faut que l'effigie souveraine soit sur les pièces de monnaie couronnée de lauriers. Aussi, quand on lit l'histoire de France, ce ne sont que batailles, victoires ou défaites dont les peuples sont les malheureuses victimes, dont les rois recueillent toute la renommée.

Je ne dis pas qu'en des temps plus reculés, ces tristes luttes n'aient pas été nécessaires; mais pouvons-nous, à cette époque-ci, conserver de pareils souvenirs du moyen âge?

Je doute aujourd'hui que la philosophie de l'histoire puisse trouver quelque explication prouvant le besoin des guerres actuelles. Depuis que, grâce au mouvement des chemins de fer, les rapports des nations sont devenus si fréquents et les intérêts si entremêlés, je ne crois pas qu'il y ait eu bien des guerres indispensables. Je suis certain, au contraire, que l'intérêt, l'ambition des souverains en ont été le plus souvent les seules causes ou, du moins, les plus puissants mobiles. Nous en avons souffert plus que tous autres en 1870 : Étions-nous bien alors entraînés à une lutte contre l'Allemagne? Non, certes; car qui donc parmi nous aurait cru, au mois de mai de cette triste année, que la paix serait troublée au mois de juillet? et qui aurait pu croire qu'une guerre, aussi follement déclarée, aurait été si mal préparée et si mal conduite? Une telle leçon donnée à un peuple, qui abandonne ainsi ses destinées aux mains d'un seul homme, nous aura-t-elle profité?

Ces tristes évènements auraient-ils pu se produire si nous avions été en République? Je ne le pense pas. Une Assemblée républicaine, librement élue, représentant fidèlement les intérêts qui lui sont confiés, ne se serait pas contentée des explications hâtives qui furent données au Corps législatif de 1870; elle aurait voulu les preuves évidentes de l'insulte inventée pour les besoins de la cause qui aurait été faite à notre ambassadeur à Berlin; elle aurait voulu savoir si nous étions véritablement prêts, et aurait laissé parler M. Thiers quand il disait que nous ne l'étions pas.

Une Assemblée dont tous les membres sont citoyens libres, sans préoccupation de plaire à un monarque, se rend compte jour par jour de la situation, et est sans cesse au courant, par des commissions nommées à cet effet, du budget, de l'armée, de la marine, etc... Quel intérêt voulez-vous actuellement qu'un député puisse avoir de fermer les yeux sur quelque vice d'organisation?

Sous une monarchie, c'est bien différent! Le premier intérêt est de plaire au roi ou à l'empereur, souverain dispensateur dont l'amitié est une fortune; qui vous accorde vos entrées à la cour et vous fait profiter de tous ses plaisirs, vous charge de gros traitements, paye au besoin, même plusieurs fois, vos dettes, place vos fils, marie vos filles, vous donne ou vous retire toute influence, en un mot, est le maître de votre destinée et peut, d'après son bon plaisir, selon que vous aurez su vous rendre plus ou moins agréable, la faire heureuse, brillante ou attristée.

N'est-ce pas là l'histoire de tous les députés officiels de l'Empire choisis et soutenus à condition qu'ils abandonneraient toute initiative et suivraient la volonté du chef de l'État.

Ce chef de l'État lui-même, l'empereur, croyez-vous qu'il était libre de suivre sa volonté propre? Non; il dépendait aussi d'une foule de forces qui lui étaient imposées. Je prends un exemple : Pour gouverner avec le suffrage universel, il fallait le courber à ses idées, et pour cela le violenter; car c'était une lutte dans laquelle le despotisme ou la

liberté devait être vaincu. Il était nécessaire alors
de s'appuyer sur tout ce qui était solide, et de bien
se garder de mécontenter le cléricalisme français
qui aurait pu devenir un ennemi aux élections.
Dans ce but, Napoléon III fut dans la nécessité,
pendant la guerre d'Italie, de s'arrêter devant les·
États du pape, de soutenir le pouvoir temporel
en envoyant ses troupes contre les Italiens eux-
mêmes, de ne pas tirer de cette guerre le profit
désirable, et de faire oublier Solférino par Mentana.

La guerre de 1870 elle-même n'a-t-elle pas
été inventée pour lutter contre les idées libérales
et pour détourner d'elles, par des espérances de
gloire militaire, l'esprit public qui se réveillait
de son trop long engourdissement?

Toutes ces préoccupations touchent peu une
république, qui n'a d'autre mandat militaire que
d'assurer l'indépendance nationale.

Mais, dit-on, votre République n'aura pas d'al-
liances; elle sera, au contraire, ennemie née de
toute monarchie. C'est là une insinuation menson-
gère et ridicule; ceux qui la font ne la prennent
guère, soyez-en sûrs, au sérieux. Il se peut que les
rois étrangers n'éprouvent pas une sympathie ir-
résistible pour une forme de gouvernement libé-
rale, surtout s'ils représentent un gouvernement
absolu. Mais comme la République signifie paix
et bienveillance envers tous, aucun peuple n'aura

de raison de se défier de nous; et quand on se rappellera que ce sont nos rois qui ont toujours été batailleurs, on ne nous reprochera nullement de vouloir nous en passer aujourd'hui.

Sans les deux Bonaparte, que de sang aurait été épargné à l'Europe, que la République n'aurait jamais fait couler! Si nous avions été en 1870 une république calme et paisible au lieu d'être une monarchie agressive, Bismark et Guillaume de Prusse n'auraient pas pu entraîner si facilement les Allemands contre nous!

PAIX A L'INTÉRIEUR. — Il faudrait n'avoir pas habité la France ou, du moins, n'avoir pas lu son histoire depuis quatre-vingts ans, pour ignorer que trois monarchies successives non-seulement n'ont pu nous mettre à l'abri des révolutions, mais encore les ont provoquées. Charles X et Louis-Philippe par leur entêtement personnel, — l'un, en signant les ordonnances, en violant la charte jurée ; l'autre, en refusant au peuple français l'extension du suffrage, en s'opposant à ce qu'un plus grand nombre de citoyens fissent sentir leur influence salutaire sur les affaires de l'État, en refusant ce qu'on appelait l'adjonction des capacités, — ont créé à un moment une situation tellement tendue qu'un soulèvement s'est produit qui les a projetés hors du trône et du pays.

L'Empire, lui, est allé au-devant de la catastro-

phe : il a tenté la chance ; il a préféré une guerre dont l'issue était douteuse et qui pouvait tuer le pays à une insurrection probable, qui n'aurait tué que lui. Le résultat ne lui a pas été favorable et nous a été bien cruel ! Aussi les bons et intelligents citoyens maudissent Napoléon III et respectent Charles X et Louis-Philippe, qui ont pu cesser d'être constitutionnels, mais sont toujours restés Français. Les deux premiers nous ont donné l'Algérie ; le dernier nous a coûté l'Alsace et la Lorraine, sans compter les milliards qui font peser sur nous un si lourd fardeau.

Il serait donc puéril de nous faire croire que la monarchie est une assurance contre les coups d'État et les révolutions.

La République nous offre-t-elle plus de sécurité ? Je le crois, parce que c'est le gouvernement qui nous divise le moins ; parce que, seul, il peut admettre les services de tous. Sans oublier ses amitiés, sans renier ses affections personnelles, tout ancien partisan des familles déchues peut être utile à son pays, à condition qu'il le servira loyalement et non pour le trahir. Un orléaniste ne peut s'enrôler sous la bannière des Bourbons ; un légitimiste, sous celle de l'Empire ; un bonapartiste sera rejeté par les deux : tous peuvent s'engager sous le drapeau anonyme de la République.

Si un malentendu grave vient séparer le chef de l'État de la nation, à la fin des pouvoirs prési-

dentiels, les Chambres qui nous représentent
donnent à un autre leur confiance par le seul fonctionnement de la Constitution, sans un appel aux
armes ou à l'émeute. Tout devient légal, la loi
seule domine.

Un président de la République n'aura jamais
assez d'influence, assez de créatures, assez d'amis
pour résister à la volonté nationale et en appeler
aux armes. Il ne pourra tenter un coup d'État et
devra se démettre ou se soumettre ; dans ce dernier
cas, il y aura pour lui de l'honneur à le faire ; on
lui en aura d'autant plus de reconnaissance qu'il
aura dû faire un plus grand sacrifice à ses opinions
et à ses idées.

Le remplacement impopulaire, en mai 1873, de
M. Thiers par le maréchal de Mac-Mahon n'a pas
donné lieu à de grandes manifestations ; et pourtant l'opinion publique était irritée et inquiète ! —
Plus tard, en 1877, l'an dernier à cette époque,
malgré bien des sollicitations contraires, le maréchal
de Mac-Mahon lui-même ne dut-il pas s'incliner
devant la volonté nationale ?

Ceci nous prouve que la République évite les
révolutions en faisant du suffrage universel, souvent et loyalement consulté, une soupape de sûreté
qui protège contre toute explosion. Car il ne faut
pas seulement qu'une Constitution soit votée par
le peuple ; il faut que tous les rouages qui la composent marchent sans commotion, sous l'influence

populaire répandue à petites doses, mais en tous ses détails, comme une huile salutaire pour en régulariser et en adoucir le fonctionnement. La République nous assure donc la paix à l'intérieur, bienfait indispensable que vous réclamez impérieusement de tout gouvernement.

CONCLUSION

La République nous procure la tranquillité à l'intérieur, nous donne le plus de garanties possibles de la paix extérieure ; mais il faut pour cela lui permettre de gouverner tranquillement.

L'opposition actuelle, qui a son refuge au Sénat, ne s'occupe qu'à empêcher ce fonctionnement nécessaire ; donc, c'est un bonheur public que la disparition de cette majorité accidentelle, peu nombreuse, mais entièrement nuisible, qui ne songe qu'à elle et non à vous. Vous applaudirez, j'en suis sûr, aux élections du 5 janvier 1879 ; car elles nous permettront de respirer librement et d'avoir confiance dans l'avenir.

ALBERT PARISSOT.

Château de Fumechon, décembre 1878.

Paris. — Typ. G. Chamerot, 19, rue des Saints-Pères. — 7648.

www.ingramcontent.com/pod-product-compliance
Lightning Source LLC
Chambersburg PA
CBHW060710280326
41933CB00012B/2376